KB217480

행복한 교회
성장을 위한
제자훈련

스터디교재

행복한 교회
성장을 위한
제자훈련 〔 스터디교재 〕

초판 제 1쇄 | 2009. 12. 30.

지은이 | 이강천
펴낸이 | 정성민
펴낸곳 | 푸른초장
표지디자인 | 정영수
표지그림 | 김지연
캘리그라피 | 김지현
내지디자인 | 정영수, 정혜미

등록번호 | 제 387-2005-00011호(2005년 5월 17일)
소재지 | 경기도 부천시 소사구 심곡본동 743-14, 101호
　　　　 TEL 032) 655-8330 (푸른초장), 010-6233-1545
인쇄처 | 예원문화사

▌책값은 뒤표지에 있습니다.
ISBN 978-89-92817-28-8

행복한 교회
성장을 위한
제자훈련

스터디교재

CONTENTS

제자훈련

.
.
.

스 스 로 · 자 라 가 기

PART 1
스스로 자라가기

CHAPTER 1

구원

1. 롬 1:21,은 인간의 근본적인 죄가 어떤 것이라고 합니까?

_____

_____

_____

적용 질문   당신은 하나님께 감사하며 그분을 영화롭게 하는 삶을 사십니까?

2. 창 3:1-6,은 인간의 근본적인 타락과 죄가 무엇이라 합니까?

_____

_____

_____

적용 질문   당신은 하나님의 말씀을 신뢰합니까? 당신 자신이 하나님처럼 생각하거나 행동하지는 않습니까? 하나님께 순종하며 살고 있습니까?

3. 롬 1:24-32,은 인간의 죄의 실상이 어떤 것이라고 합니까?

24-25 _____

26-27 _____

28-32 _____

26,26,28절이 공통으로 지적하는 죄인의 상태가 무엇입니까?

_____

_____

적용 질문 당신 마음에 하나님보다 더 사랑하는 우상은 없습니까? 당신의
이성 관계는 깨끗합니까? 죄악의 항목 중 당신에게 어떤 죄악이 있습니까?

4. 롬 2:1-10,은 죄인의 운명이 무엇이라고 합니까?

하나님의 심판의 원리(무엇대로)는 무엇입니까?

_____

_____

심판의 결과 죄인과 의인의 운명이 어떻게 달라집니까?

_____

_____

_____

적용 질문 당신은 하나님의 심판 앞에서 어떤 운명입니까?

5. 계 20:11-15,은 마지막 심판에 대해 무엇을 가르쳐줍니까?

어떻게 심판 받습니까?

_____

심판의 결과가 무엇입니까?

_____

심판을 면하려면, 불못에 들어가지 않으려면 어떤 사람이 되어야 합니까? _____

_____

[적용 질문] 당신의 이름은 생명책에 기록되어 있습니까? 아니면 심판책에 기록되어 있습니까?

6. 요 3:14-18,은 구원에 대하여 무엇을 가르쳐 줍니까?

인자가 들려야 한다는 것이 무슨 뜻입니까?

_____

하나님의 사랑의 선물이 무엇입니까?

_____

누가 영생을 얻습니까?

_____

[적용 질문] 당신은 하나님의 사랑을 알고 있습니까? 영생을 얻었습니까?

7. 롬 3:24-27,은 구원의 진리가 무엇이라고 가르칩니까?

구원의 근거가 무엇입니까?

_____

하나님은 어떻게 구원을 주십니까?

_____

우리는 어떻게 구원을 얻습니까?

_____

십자가에 나타난 의가 어떤 의입니까?

_____

적용 질문 당신은 예수 십자가와 무슨 상관이 있습니까? 구원받으셨습니까?

CHAPTER 2

변화

1. 요 1:11-13,은 믿는 자에게 어떤 변화가 생긴다고 가르칩니까?

   신분상 변화

   _____

   _____

   내적인 변화

   _____

   _____

   적용 질문 당신은 하나님의 자녀입니까? 하나님께로부터 난 자가 틀림없습니까?

2. 엡 2:1-7,은 구원받기 전과 후가 어떻게 달라진다고 말합니까?

   구원 받기 전

   _____

구원 받은 후

_____

_____

적용 질문 당신은 지금 구원받기 이전의 삶에서 완전히 벗어났습니까?

3. 요 5:24,은 믿는 자가 어떻게 달라졌다고 말합니까?

_____

_____

_____

_____

적용 질문 당신은 사망에서 생명으로 옮긴 것이 확실합니까?

4. 갈4:4-7, 하나님과의 관계가 무엇이며 주어진 특권은 무엇입니까?

_____

_____

_____

_____

적용 질문 당신은 아들의 영을 받았습니까? 하나님을 아버지라 부르는 기쁨이 있습니까?

5. 계21:27, 천국에 들어갈 자는 누구이며 못 들어갈 자는 누구입니까?

들어갈 자

_____

_____

못 들어갈 자

_____

_____

적용 질문 당신은 천국에 들어갈 자로 확신합니까?

6. 요 3:3-8, 디 3:5,에서 어떻게 거듭납니까?

1)_____

_____

_____

2)_____

_____

_____

적용 질문 당신은 거듭났습니까?

7. 행 2:37-41, 거듭나는 원리가 어떻게 설명됩니까?

사람 편에서 할일   하나님편에서 할일

1) _____   1) _____

_____   _____

2) _____   2) _____

_____   _____

적용 질문 당신은 회개하였습니까? 세례는 받으셨습니까? 성령을 받으셨

습니까?

CHAPTER 3

확신

1. 딤후 3:14-15,에 우리의 확신의 근거는 무엇이라고 가르칩니까?

_____

_____

_____

적용 질문 당신의 믿음의 근거는 어디에 있습니까? 감정, 환상, 꿈, 예언기도, 아니면 성경입니까?

2. 엡 1:13-14,이 설명하는 확신의 원리는 무엇입니까?

1) _____

2) _____

3) _____

적용 질문 당신이 믿는 핵심이 무엇입니까? 축복, 병 고침, 마음의 수양, 아니면 구원의 복음입니까? 당신은 성령의 인치심을 받았습니까?

3. 롬 8:16, 성령께서 우리의 어떠함을 확증해 줍니까?

_____

_____

_____

적용 질문 당신은 하나님의 자녀임이 분명합니까? 확신합니까?

4. 요일 5:11-15,에 우리가 갖게 된 두 가지 확신은 무엇입니까?

1) _____

_____

2) _____

_____

적용 질문 당신은 영생을 소유고 있습니까? 확신 있는 기도생활을 하십니까?

5. 롬 4:17-22, 아브라함이 확신한 하나님은 어떤 하나님입니까?

1) _____

2) _____

3) _____

적용 질문 아브라함의 믿음은 어떤 믿음이었습니까?

1) _____

2) _____

3) _____

적용 질문 당신이 믿는 하나님은 어떤 하나님입니까?

6. 히 13:5-6,에 기록된 확신은 어떤 확신입니까?

_____

_____

_____

적용 질문 당신은 하나님이 늘 함께 하심을 확신합니까? 주님이 늘 도우시는 것을 믿고 살아갑니까?

7. 롬 8:38-39,에 고백된 흔들릴 수 없는 확신이 무엇입니까?

_____

_____

_____

적용 질문 당신은 하나님의 사랑을 얼마나 확신합니까?

CHAPTER 4

말씀

1. 하나님의 사람으로 양육받기

1) 딤후3:14-17, 하나님은 우리를 어떻게 양육하기를 원하십니까?

우리의 확신의 근거는 무엇입니까?

_____

성경과 구원의 관계가 무엇입니까?

_____

성경은 어떻게 우리를 양육합니까?

_____

하나님은 성경을 통하여 어떠한 성숙을 목표로 양육합니까?

_____

2) 당신은 어느 정도 성숙합니까?

확신	바른 삶	하나님 사람	하나님 일꾼

우리는 어떤 자세로 말씀 묵상을 해야 하겠습니까?

_____

_____

<u>적용 질문</u> 당신은 어느 정도 성숙합니까? 날마다 하나님의 양육을 받고 있습니까?

2. 히1:1-2,을 읽고 구약시대와 신약시대에 하나님이 그 백성에게 말씀하신 방법이 무엇인지 말해 보십시오.

_____

_____

3. 벧후1:20-21,을 통하여 말씀이 어떻게 성경에 기록되었는지 말해 보십시오.

_____

_____

_____

4.고전2:10-12, 요14:26,을 통하여 어떻게 이전의 말씀을 통하여 오
  늘 말씀 하시는지 말해 보십시오.

_____

_____

_____

_____

_____

<u>적용 질문</u> 성경을 통하여 주님의 말씀을 듣습니까? 들어보겠습니까?

CHAPTER 5

묵상

하나님 만나기

1. 사55:6, 시105:4, 말씀 묵상에서 맨 먼저 기대할 일이 무엇입니까?

_____

_____

_____

하나님 음성 듣기

2. 사28:23, 시55:3, 말씀을 묵상할 때 추구할 일이 무엇이겠습니까?

1) 본 받으라 (히 13:7)

_____

_____

_____

2) 가라–지시하심 (창 26:2)

_____

_____

_____

_____

3) 거울 앞에 서서–회개 (고전 10:6)

_____

_____

_____

_____

4) 약속과 격려 (고후 1:20)

_____

_____

_____

_____

5) 기타 교훈 (신 32:2)

_____

_____

_____

_____

적용- 순종하기

3. 마 7:24-25, 말씀 묵상이 어떻게 삶에 적용되어야 할까요?

_____

_____

_____

적용 질문   성경말씀대로 살려는 노력을 해 봅니까?

말씀 묵상의 축복

4. 수1:8, 말씀 묵상의 축복이 무엇입니까?

_____

_____

_____

적용 질문   성경 말씀이 축복이 된 경우의 간증을 나누어 보세요.

CHAPTER 6

기도

1. 마 6:6-9, 7:11, 어떤 하나님께 기도합니까?

_____

_____

_____

적용 질문 당신은 하나님을 아버지로 믿고 기도합니까?

2. 다음 성경구절을 참고하여 어떤 내용의 기도를 드릴까 정리해보세요.

1) 히 13:15

_____

2) 골 3:17

_____

3) 요일 1:8-9

_____

4) 요 15:7

_____

5) 딤전 2:1

_____

적용 질문 당신은 어떤 기도의 내용으로 많이 기도합니까? 당신의 기도가 더 성숙하려면 어떤 기도를 드려야하겠습니까?

3. 요 16:23-24, 누구의 이름으로 기도하며, 왜 그래야할까요?

_____

_____

_____

적용 질문 당신은 예수님을 믿고 그를 의지하는 기도를 합니까?

4. 롬 8:26-27, 유 1:20, 엡6:18, 성령께서 우리의 기도를 어떻게 돕습니까?

_____

성령으로 하는 기도의 두 가지 특징은 무엇입니까?

1) _____

2) _____

고전 14:15, 28의 영으로 기도한다는 것은 어떤 기도입니까?

_____

_____

적용 질문 당신은 성령으로 기도하는 경험을 하십니까? 기도할 바를 몰라 할 때는 어떻게 합니까?

5. 다음 성경구절에서 응답되지 않는 기도의 원인이 무엇인지 정리해 보세요

1) 약 1:5-8 _____

2) 약 4:3 _____

3) 시 66:18 _____

4) 잠 28:9 _____

5) 막 11:25, 마 5:23-24 _____

6) 마 6:7 _____

7) 벧전 3:7 _____

적용 질문 당신의 기도생활을 방해하는 걸림돌을 발견하십니까?

6. 다음 성경에서 기도응답에 관한 어떤 교훈과 확신을 얻습니까?

마 7:7-12   1) _____

                2) _____

                3) _____

단 9:23   1) _____

적용 질문 당신은 가장 좋은 것으로 응답하시는 아버지를 믿습니까?

7. 막 1:35, 눅 6:12, 언제 어디서 기도하는 것이 효과적이라고 생각합니까?

	언제	어디서
막 1:35		
눅 6:12		
공통점		

적용 질문 당신의 매일기도 하는 시간과 장소는 어디입니까?

CHAPTER 7

헌금

1. 시 96:8-9, 예배와 헌금과의 관계가 무엇이라고 생각됩니까?

_____

_____

적용 질문 당신은 하나님을 창조자로, 왕으로, 영광 받으실 분으로 경배하며 감사함으로 예물을 드립니까?

2. 잠 3:9-10, 무엇으로 여호와를 공경해야 합니까?

_____

_____

처음 익은 열매로 하나님을 공경한다는 것이 무슨 뜻일까요?

_____

적용 질문 당신은 재물을 얻거나 소산물을 얻을 때 맨 먼저 하나님을 생각하고 감사합니까?

3. 마 6:19-21, 보물을 하늘에 쌓아두어야 할 이유는 무엇입니까?

1) _____

2) _____

3) _____

적용 질문 당신은 하늘에 쌓아둔 재물이 얼마나 된다고 생각하십니까?

4. 창 14:18-20, 28:20-22, 십일조의 의미가 무어라고 생각됩니까?

_____

_____

_____

적용 질문 당신은 십일조를 감사함으로 드리고 계십니까? 축복의 조건으로
바치십니까?

5. 말 3:7-10, 하나님은 십일조를 어떻게 다루십니까?

이스라엘이 왜 저주를 받았습니까?

_____

이스라엘 백성이 도적질한 것이 무엇입니까?

_____

_____

하나님께 돌아가는 길이 무엇입니까?

_____

십일조를 드리는 일이 하나님께로 돌아가는 길이 되는 이유는 무엇입니까?

_____

_____

무엇을 시험해 보라 하십니까?

_____

적용 질문 당신은 온전한 십일조를 드립니까?

6. 고후 9:7, 헌금하는 태도가 어떠해야 합니까?

1) _____

_____

2) _____

_____

3) _____

_____

적용 질문 당신은 헌금생활을 기쁨으로 하십니까? 억지로나 체면으로나 위선으로 하고 있지는 않는지요?

7. 출 36:3-5, 하나님의 백성들이 헌물 하는 모습이 어떻습니까?

_____

_____

_____

적용 질문   당신의 헌금생활에 반성할 점은 없습니까?

CHAPTER 8

찬양

1. 엡 1:3-14, 하나님을 찬양할 이유가 무엇입니까?

3절
_____

_____

4-6절
_____

_____

7-12절
_____

_____

13-14절
_____

_____

_____

적용 질문 당신에게 찬양할 이유가 있습니까? 구원의 감격이 찬양할 이유

가 됩니까?

2. 계 4-5장, 천상의 찬양모습을 정리해 보세요.

	누가	누구를	어떠함을
4:8			
4:10-11			
5:8-9			
5:11-12			
5:13			
7:9-10			

적용 질문 당신은 어떤 감격으로 주님을 찬양합니까?

3. 시 103:1-5, 은 어떤 일로 하나님을 찬양하라고 촉구합니까?

1) _____ 2) _____

_____

3) _____ 4) _____

_____

5) _____ 6) _____

_____

적용 질문 당신이 하나님을 찬양할 이유와 감사할 이유를 다 적어보세요.

4. 시 149:1-9, 찬양의 형태에 대하여 무어라고 가르칩니까?

형태   1)   2)_____

찬양하는 모습은 어떤 것입니까?

찬양하는 모습   1)   2)_____

             3)   4)_____

6-9절에 찬양의 능력과 권세가 어떠합니까?

_____

적용 질문 당신은 예배에 성실합니까? 기쁨으로 찬양합니까? 개인적으로 찬송생활을 하십니까?

5. 엡 5:18-20, 성도의 삶의 모습은 어떤 것입니까?

1)_____ 2)_____

3)_____ 4)_____

5)_____ 6)_____

7)_____

적용 질문 위의 말씀과 당신의 생활은 일치합니까? 모자람이 무엇입니까?

함 께 · 세 워 가 기

PART 2
함께 세워가기

CHAPTER 1

교제

1. 마18:20, 요일1:3, 그리스도인의 교제의 성격은 어떤 것입니까?

   수평적 차원

   _____

   수직적 차원

   _____

   적용 질문 당신은 성도들과 함께 하나님을 만나는 경험을 합니까?

2. 엡2:19, 성도의 교제는 어떤 신분에서의 교제입니까?

   _____

   _____

   _____

   적용 질문 당신은 하나님의 가족으로서 성도를 대합니까?

3. 고전 12:12, 그리스도의 몸이 하나 되는 것은 어떤 원리와 같습니까?

_____

_____

_____

적용 질문 당신은 몸의 지체로서 몸과 조화를 이룹니까?

4. 행2:42-47, 어떤 종류의 교제가 있었습니까?

1) _____

2) _____

3) _____

4) _____

5) _____

6) _____

7) _____

아름다운 교제의 열매가 어떻게 나타났습니까?

1) _____

2) _____

적용 질문 우리 교회가 교제 면에서 더 성숙해야 할 부분은 무엇입니까?

5. 다음 성구들에서 알 수 있는 교제의 자세는 어떤 것들입니까?

롬 12:10 _____

롬 12:18 _____

롬 15:7 _____

갈 5:13 _____

갈 6:2 _____

엡 5:21 _____

벧전 4:8 _____

적용 질문 당신에게 성숙해야 할 부분이 무엇입니까?

CHAPTER 2

용서

1. 창 8:21-22, 9:12-17, 인간과 역사의 존속이 가능한 이유는 무엇
   입니까?

   _____

   _____

   _____

   적용 질문 당신은 용서 없이 존재할 수 있습니까?

2. 롬 3:23-24, 우리의 구원의 근거는 무엇입니까?

   _____

   _____

   _____

   적용 질문 당신이 용서에 근거하여 구원받았다면 타인에 대한 당신의 태도
   는 어떠해야 합니까?

3. 골 3:13-15, 주님을 본받는 일의 내용은 무엇입니까?

1) _____

2) _____

3) _____

`적용 질문` 당신에게 모자란 덕목은 무엇입니까?

4. 마 18:21-35, 형제의 죄를 몇 번까지 용서해야 합니까

_____

_____

형제를 용서하지 않으면 어떻게 됩니까?

_____

_____

`적용 질문` 당신은 용서하지 않은 형제가 있습니까?

5. 마 6:12, 우리의 죄 사함을 위한 기도의 전제는 무엇입니까?

_____

_____

`적용 질문` 당신은 주기도문으로 기도함에 거리낌이 없습니까?

6. 시 109편처럼 기도할 수 있는 것은 어떤 경우입니까?(22절 시
   51:17) 용서와는 어떤 관계가 있습니까?

   _____

   _____

   _____

   적용 질문 당신은 저주하고 싶은 사람이 있습니까? 어떻게 해결해야 하겠
   습니까?

7. 창 3:21, 9:23,에서 용서하는 삶의 원리를 찾아보십시오.

   _____

   _____

   _____

   적용 질문 당신은 형제의 허물을 덮어 주는 편입니까?

CHAPTER 3

사랑

1. 막 12:28-31, 첫째가는 계명과 둘째가는 계명은 각각 무엇입니까?

첫째, 하나님을 사랑하는 것이 무엇이겠습니까?(신 6:4-9)

_____

우리는 하나님을 얼마나 사랑해야 합니까?

_____

둘째, 이웃을 어떻게 실천해야 합니까?(레 19:9-19)

_____

우리는 이웃을 얼마나 사랑해야 합니까?

_____

적용 질문 당신은 하나님을 얼마나 사랑합니까? 또 이웃을 얼마나 사랑합니까?

2. 요 13:34-35, 새 계명이 무엇입니까? "서로"라는 말의 의미가 무엇일까요?

어떤 사랑으로 사랑해야 합니까?

_____

예수님의 제자 된 증표는 무엇입니까?

_____

적용 질문　서로 사랑하며 살아가는 연습을 교회가 어떻게 하면 좋겠습니까?

3. 요일 3:14-19, 생명에 들어간 표는 무엇입니까?

미움은 어떤 죄에 해당됩니까?

_____

예수님 사랑은 어떤 사랑입니까?

_____

우리는 어떻게 사랑해야 합니까?

_____

_____

적용 질문　당신이 지금 미워하고 있는 사람은 없습니까? 오늘이나 금주 중 구체적으로 사랑을 표현해야 할 대상이 있나 찾아보십시오.

4. 마 5:43-48, 누구까지 사랑하라고 하십니까?

세리나 이방인의 사랑보다 더 큰 사랑은 어떤 사랑입니까?

_____

_____

적용 질문 당신을 미워하거나 해롭게 하는 자도 사랑합니까?

5. 고전 13:4-7, 당신은 이 사랑의 범주 안에서 사십니까?

사랑은 오래참고	( )
온유하며	( )
투기하지 아니하며	( )
자랑하지 아니하며	( )
교만하지 아니하며	( )
무례하지 아니하며	( )
자기유익을 구치 않고	( )
성내지 아니하며	( )
악한 것을 생각지 않고	( )
불의를 기뻐 아니하고	( )
진리와 함께 기뻐하고	( )
모든 것을 참으며	( )

모든 것을 믿으며   (   )

모든 것을 바라며   (   )

모든 것을 견디며   (   )

적용 질문 내게 모자란 부분이 무엇입니까? 어떻게 성장해야 하겠습니까?

CHAPTER 4

화평

1. 롬 14:19, 골 3:15, 살전 5:13, 약 3:18, 성도는 어떤 삶으로 부름
받았습니까?

_____

_____

_____

적용 질문 당신은 교회와 사회생활에서 평강을 끼치는 사람입니까?

2. 마 5:9, 하나님의 아들의 특징은 무엇입니까?

_____

_____

_____

적용 질문 당신은 평화의 도구입니까? 분란을 일으키는 존재는 아닙니까?

3. 창 3:9-19, 어떤 경우에 화평이 깨어집니까?

9-10 _____

11-12 _____

14-15 _____

17-19 _____

4. 고후 5:17-21, 어떻게 다시 화평을 찾게 되고 화평을 이루게 됩니까?

_____

_____

_____

5. 시133편, 화평한 공동체의 아름다움과 축복은 무엇입니까?

1) _____

2) _____

3) _____

적용 질문 당신의 가정은 화평합니까? 구역은? 교회는?

6. 막9:50, 골 3:15, 화평을 이루는 비결은 무엇입니까?

1) _____

2) _____

적용 질문 당신은 화평을 위한 일이라면 희생할 수 있습니까?

7. 엡 2:14-18, 화평의 근거는 무엇입니까?

예수님의 십자가는 누구와 누구를 화해시킵니까?

1) _____

2) _____

적용 질문 당신은 예수님 중심으로, 화해의 사람으로 삽니까?

CHAPTER 5

봉사

1. 엡 4:12, 16, 성도의 교회 봉사의 궁극적 목적은 무엇입니까? 각
   지체로서의 성도의 사명은 무엇입니까?

   궁극적 목적

   _____

   지체의 사명

   _____

   적용 질문   당신은 교회의 성장을 위하여 충분히 봉사하고 있습니까?

2. 엡 4:29, 5:4,에서 암시된 지체로서의 봉사는 무엇입니까?

   _____

   _____

   _____

   적용 질문   당신은 지체들을 격려하는 편입니까?

3. 갈 6:6,에서 볼 수 있는 봉사는 어떤 것입니까?

_____

_____

_____

<u>적용 질문</u> 당신은 교회 지도자들을 섬깁니까?

4. 눅 2:37, 고후 1:11,에서 성도가 어떤 봉사를 할 수 있겠습니까?

_____

_____

_____

<u>적용 질문</u> 당신은 교회와 지체된 성도들과 복음의 역사를 위하여 중보하며
기도합니까?

5. 행 9:36-39, 롬 12:13, 고후 9:12, 엡 4:28,에서 볼 수 있는 성도
   의 봉사는 무엇입니까?

_____

_____

_____

<u>적용 질문</u> 당신은 기꺼이 형제들을 위한 물질적 봉사를 합니까?

6. 고전 12:25-26, 갈 6:2, 지체를 위해 어떻게 봉사할 수 있을까요?

_____

_____

_____

　　적용 질문　당신은 형제, 자매의 어려움에 동참하는 편입니까? 동참하고자
합니까?

7. 행 1:25, 행 21:19,의 봉사는 어떤 봉사라고 생각합니까?

_____

_____

_____

　　적용 질문　당신은 복음을 위해 봉사합니까?

8. 빌 3:3, 벧전 4:10,어떤 봉사를 해야 하겠습니까? 봉사의 능력은
무엇입니까?

_____

_____

　　적용 질문　당신은 교회를 섬기는데 필요한 은사를 하나님으로부터 받아 사
용합니까?

CHAPTER 6

덕성

1. 고전10:23-24. 롬15:2, 덕으로 산다는 것이 무엇입니까?

_____

_____

_____

2. 골 3:12-17, 그리스도인의 덕목은 무엇입니까?

1) 12, 다섯 가지 덕목

_____

2) 13-15, 주요 세 가지 덕목

_____

3) 16-17. 덕스런 삶의 네 가지 비결

_____

적용 질문 당신에게 더 성숙해야 할 덕목이 무엇입니까?

3. 약 3:13-18, 위로부터 온 것과 아래로부터 난 것을 비교해보세요

위로부터 온 것	아래에서 난 것

적용 질문 당신은 위로부터 온 삶을 살아갑니까?

4. 갈 5:16-26, 성령의 열매와 육체적 삶의 열매를 비교해보십시오.

성령의 열매	육체의 열매

우리는 무엇으로 살고 무엇을 행해야 합니까?

적용 질문 당신에게 열리고 있는 성령의 열매는 무엇이고 열리지 않는 열매는 무엇입니까?

5. 고전9:19-22, 서로 다른 사람들에게 맞추어 주는 덕은 어떤 동기
   에서 행해졌습니까?

   _____

   _____

   _____

6. 엡 4:13-15, 우리의 성숙의 목표는 누구입니까?

   _____

   미숙한 어린아이 상태는 어떤 것입니까?

   _____

   적용 질문   당신은 그리스도의 분량으로 자라가고 있습니까?

CHAPTER 7

섬김

1. 시 10:17, 잠 11:2, 사 29:19, 약 4:6, 겸손한 사람이 얻는 축복은
   무엇입니까?

   1) _____

   2) _____

   3) _____

   4) _____

   적용 질문 겸손할 때 얻는 축복을 경험하십니까?

2. 겸손한 사람은 자신과 다른 이를 어떻게 생각합니까?

   롬 12:3 _____

   롬 12:10 _____

   롬 12:16 _____

빌 2:3, –1 _____

적용 질문 당신은 어떤 점에서 겸손하고 어떤 점에서 겸손치 못한지 생각
해보십시오.

3. 벧전 5:5-6, 교만과 겸손의 결과는 각각 어떤 것입니까?

교만의 결과

_____

겸손의 결과

_____

적용 질문 당신은 교만하여 하나님의 대적이 되는 경우가 없습니까?

4. 빌 2:1-8, 바울사도가 권면하는 공동체적 태도는 무엇입니까?

1) _____ 2) _____ 3) _____

4) _____ 5) _____ 6) _____

_____

예수님은 어떻게 낮아지셨습니까?

1) _____ 2) _____ 3) _____

적용 질문 당신은 낮아지는 데서도 주님을 따릅니까?

5. 요 13:1-17, 예수님이 보여주신 겸손과 섬김의 모본은 어떤 것입
니까?

_____

_____

_____

적용 질문 당신은 겸손히 섬기는 자의 삶을 삽니까?

6. 마 20:26-28, 막 10:43-45, 눅 22:27, 어떤 사람이 위대한 사람
입니까?

_____

예수님은 누구를 섬기러 오셨습니까?

_____

적용 질문 당신은 섬기는 것을 즐거워합니까? 섬김 받기를 즐거워합니까?

7. 롬7:6, 12:6-7, 고후 8:4, 섬김의 능력은 무엇입니까?

_____

_____

적용 질문 당신은 섬김의 영을 받기를 원하십니까?

CHAPTER 8

언어

1. 잠13:2, 언어의 중요성을 어떻게 말합니까?

_____

_____

_____

2. 민14:28-30, 어떤 말을 생활화해야 합니까?

어떤 배경에서 나온 말씀인가요?

_____

_____

어떤 말을 사용해야한다고 깨닫습니까?

1)_____

2)_____

3)_____

3. 다음 성경구절에서 해서는 안 될 말과 권장할 만한 말을 찾아보십시오.

	해서는 안될말	권장할 말
잠12:25		
잠15:1		
잠15:23		
엡4:29		
엡5:4		
골4:6		
살전2:5		
살전4:18		
약3:1-12		

적용 질문 당신의 언어생활에 고칠 점은 없습니까?

4. 사6:6-7 어떻게 해야 언어생활이 거룩해 질 수 있을까요?

_____

_____

적용 질문 우리의 언어생활에 부족한 점은 무엇일까요? 노력해야할 방향은 무엇입니까?

더불어 · 살아가기

PART3
더불어 살아가기

가정

1. 잠 15:16-17, 복된 가정의 두 가지 기본 요건이 무엇입니까?

1) _____

2) _____

적용 질문 당신 가정엔 하나님이 주인이십니까? 당신 가정은 사랑이 지배합니까?

2. 창 2:20-25, 부부관계의 원리가 무엇입니까?

_____

하나님이 무엇으로 하와를 만들었습니까?

_____

부모를 떠나 하나가 된다는 것이 무슨 뜻입니까?

_____

적용 질문 배우자의 허물도 나의 허물로 받아드립니까?

3. 엡 5:22-25, 부부관계의 질서가 무엇입니까?

_____

아내가 어떻게 남편에게 복종해야 합니까?

_____

남편은 어디까지 아내를 사랑해야 합니까?

_____

적용 질문 당신은 배우자에게 성경적으로 복종합니까? 당신은 배우자를 성
경적으로 사랑합니까?

4. 잠 23:22-26, 부모에 대한 참 효도는 어떻게 이루어집니까?

_____

_____

적용 질문 당신은 부모님을 기쁘게 해드리는 편입니까?

5. 잠22:6, 23:13-14, 자녀를 어떻게 교육해야 합니까?

_____

_____

적용 질문 당신은 자녀를 성경적으로 교육합니까?

6. 엡 6:1-4, 부모와 자식의 관계는 어떠해야 합니까?

자녀가 부모에게   1) _____

                        _____

                        2) _____

                        _____

부모의 자녀양육   1) 태도 _____

                        2) 내용 _____

                        3) 방법 _____

`적용 질문` 당신은 부모로서 자녀양육에 또 자녀로서 부모공경에 이 말씀에 비춰 무엇을 깨닫습니까?

7. 수 24:15, 행 16:31, 신앙의 어떤 성격이 강조되어 있습니까?

_____

가정예배는 왜 중요합니까?

_____

`적용 질문` 당신의 가정은 하나님을 경배합니까? 가정예배를 드립니까?

CHAPTER 2

직업

1. 창 2:15, 3:17-19에서 성서적 노동관이 무엇입니까?

   노동은 창조시의 소명입니까?

   _____

   노동은 타락시의 저주입니까?

   _____

   적용 질문 당신은 당신의 일과 직업을 소명으로 인식합니까?

2. 엡 6:5-8, 당신이 고용된 직장인이라면 어떤 태도로 일해야 합니
   까?

   특히 누구앞에서 일하듯 해야 합니까?

   _____

   당신은 맡은 일에 성실합니까? 주님 앞에 사는 자세로 일합니까?

   _____

3. 다음 성경구절들에서 당신이 다른 이를 고용하고 있다면 취해야할
   자세가 무엇입니까?

   1) 레 19:13

   _____

   2) 말 3:5

   _____

   3) 엡 6:9

   _____

   4) 약 5:4

   _____

   적용 질문 당신은 고용된 사람들에게 충분한 대우를 하며 인격적으로 존중
   합니까?

4. 전 9:10, 우리의 일하는 근본적인 태도는 어떠해야 합니까?

   _____

   _____

   _____

   _____

   적용 질문 당신은 당신의 일을 즐거움으로 창조적으로 합니까?

5. 고전 10:31-33, 빌 1:20-21,의 말씀을 직업현장에 적용시키면 직업현장에서 무엇을 이루고자 합니까?

_____

_____

_____

_____

적용 질문   당신은 당신 직업으로 하나님의 영광을 이루고자 합니까? 단순한 돈벌이 입니까?

6. 잠16:8, 엡 4:28,의 말씀을 직업현장에 적용한다면 직업을 통해 무엇을 이루고자 합니까?

_____

_____

_____

_____

적용 질문   당신은 당신의 직업을 통하여 사회정의에 기여하며 더 많은 이의 행복을 추구합니까?

7. 마 5:13-16, 우리의 세속적 직업현장에서 명심해야 할 일이 무엇입니까?

소금으로 산다는 것이 무슨 뜻입니까?(막 9:50, 골 4:6, 골 3:12-15 참조)

_____

_____

빛으로 산다는 것은 무슨 뜻입니까?(엡 5:9참조)

_____

_____

하나님께 영광을 돌리려면 어떻게 해야 합니까?

_____

_____

적용 질문 당신은 소금으로 빛으로 삽니까? 당신의 직업현장에서 하나님께 영광을 돌립니까?

CHAPTER 3

분배

1. 출 16:13-20, 하나님의 만나분배의 원칙이 무엇입니까?

    1) _____

    _____

    2) _____

    _____

    `적용 질문` 우리 사회는 균등분배가 된다고 봅니까? 무슨 노력이 필요할까요?

2. 레25:10, 희년이 자유의 해라면 누구에게 어떤 자유의 해입니까?

    1) _____

    _____

    2) _____

    _____

    `적용 질문` 부익부 빈익빈 사회정의를 위해 할 수 있는 일이 무엇입니까?

3. 신 15:1, 15:12-14, 각각 무엇의 안식년을 명했습니까?

1) _____

_____

2) _____

_____

<u>적용 질문</u> 골고루 잘살기 위해 어떤 법이 요구됩니까?

4. 신 14:28-29, 매 삼년 끝의 십일조의 용도가 무엇입니까?

_____

_____

<u>적용 질문</u> 어려운 이웃과 나누기 위하여 또 다른 십일조를 뗄 수 있습니까?

5. 레 19:9-10, 왜 이삭을 남겨두라 하십니까?

_____

_____

<u>적용 질문</u> 당신은 가난한 자와 얼마나 나누며 삽니까?

6. 마 25:31-46, 예수님은 누구와 자기를 동일시하십니까?

_____

양은 무엇을 하였습니까?

_____

염소는 무엇을 아니했습니까?

_____

적용 질문   가난한 자 장애인 등을 위해 나누는 삶을 삽니까? 당신이 속한
남전도회나 여전도회는 얼마나 나눕니까?

7. 고후 8:1-15, 더불어 사는 원리가 무엇입니까?

1) 14-15절의 원리
_____

2) 9절의 모범
_____

3) 1-2절의 능력
_____

적용 질문   나누고 사는 능력을 위하여 성령의 은혜를 사모합니까?

CHAPTER 4
소비

1. 눅 12:15-33, 소유와 그 사용에 관한 교훈이 무엇입니까?

_____

_____

소유와 생명은 절대적 관계입니까?

_____

어리석은 부자의 어리석음이 무엇입니까?

_____

의식주 문제보다 앞서 구할 것이 무엇입니까?

_____

하늘에 보물을 쌓아 두려면 어떻게 해야 합니까?

_____

적용 질문 당신은 하늘에 쌓은 보물이 있습니까?

2. 잠 23:4-5, 잠 30:8-9, 딤전 6:6-10, 얼마나 소유해야 합니까?

_____

_____

_____

적용 질문　당신은 일용할 양식으로 만족하고 감사합니까?

3. 전 5:10-15, 폐단 되는 소유가 어떤 것입니까?

_____

소유나 재물로 만족할 수 있습니까?

_____

우리가 죽으면 가지고 갈 재물이 얼마나 됩니까?

_____

적용 질문　당신에게 나눌 수 있는 재물은 얼마나 됩니까?

4. 잠 3:9-10, 재물 사용의 최우선 순위가 무엇입니까?

_____

_____

적용 질문　당신은 재물을 하나님 공경하는 일에 얼마나 쓰고 있습니까?

5. 딤전 6:17-19, 부의 사용에 관한 교훈이 무엇입니까?

1) _____

2) _____

3) _____

<mark>적용 질문</mark> 당신은 어디에 재물을 가장 많이 쓰고 있습니까?

6. 암 6:4-7, 아모스 선지자가 경고하는 내용이 무엇입니까?

_____

_____

_____

<mark>적용 질문</mark> 당신은 사치스런 소비생활을 하고 있지는 않습니까?

7. 행2:45, 소유와 재산으로부터 자유한 그리스도인의 모습이 무엇입니까?

_____

_____

_____

<mark>적용 질문</mark> 당신은 재물로부터 자유 합니까? 오늘 당신의 것으로 베풀어야 할 대상은 누구입니까?

CHAPTER 5

시민

1. 롬 13:1-7,을 생각해 보세요

1) 권세를 맡은 자는 어떻게 사용해야 합니까?

(1) _____

(2) _____

_____

2) 시민으로서의 태도와 의무는 무엇입니까?

(1) 태도 _____

(2) 의무 _____

_____

3) 굴복한다는 것이 무엇을 의미합니까?

_____

_____

적용 질문 당신은 시민으로서의 의무와 책임을 다합니까?

2. 마 2:6, 계 5:5-6, 예수님의 이미지에서 다스리는 자의 어떤 모습
   을 발견합니까?

   마 2:6 _____ 와 _____

   계 5:5-6 _____ 와 _____

   적용 질문 당신이 다스리는 자라면 어떤 스타일 입니까?

3. 단 6:10, 행 5:28-29, 권세 위의 권세는 누구의 권세이며 시민 불
   복종은 어느 선까지 가능합니까?

   _____

   _____

   적용 질문 당신은 하나님의 권세가 국가 권세보다 높음을 믿습니까?

4. 삼하 12:7-15, 마 14:3-4, 권세에 대한 교회의 어떤 역할이 암시
   되어 있습니까?

   _____

   _____

   적용 질문 교회나 성도가 어떻게 예언자적 역할을 할 수 있습니까?

5. 마 7:1-12, 예언자적 경고가 단순한 비판이 되지 않으려면 어떻게 해야 합니까?

_____

_____

_____

적용 질문 당신은 예언자적 경고와 비판을 구분합니까? 충분한 중보기도를 드립니까?

6. 딤전 2:1-2, 국가 지도자를 위해 할 일이 무엇입니까?

_____

_____

_____

적용 질문 당신은 국가 지도자를 위해 기도합니까?

7. 벧전 2:13-17, 국가 시민의 기본적 윤리가 무엇입니까?

_____

_____

_____

적용 질문 당신은 법질서를 지키고 있습니까?

CHAPTER 6

인권

1. 창 1:26-28, 인간 존엄성의 근거가 무엇입니까?

_____

_____

_____

> 적용 질문 당신은 개개인의 소중함을 깊이 인식합니까?

2. 왕상 21:1-19, 하나님의 인권에 대한 입장이 무엇입니까?

_____

_____

_____

> 적용 질문 당신은 어떤 약자의 인권이라도 가볍게 취급한 적이 없습니까?

3. 출23:6, 잠 14:31, 사 10:2, 렘 2:34, 암 5:11-12, 어떤 자의 인권
   에 대하여 무엇을 가르칩니까?

   _____

   _____

   _____

   적용 질문   당신은 가난한 자나 약자를 멸시하거나 압제한 적이 없습니까?

4. 레 19:13, 말 3:5, 약 5:4, 어떤 자의 인권에 대해 무엇을 가르칩니까?

   _____

   _____

   _____

   적용 질문   당신은 고용된 사람들에게 합당한 대우와 그들의 복지를 책임집
   니까?

5. 엡 6:9, 몬 1:16, 고용주에게 주는 교훈이 무엇입니까?

   _____

   _____

   _____

   적용 질문   당신은 고용된 사람들을 인격적으로 존중합니까?

6. 고전 14:34, 딤전 2:11-12, 엡 5:22,이 여자의 인권을 제한하는 근거가 될 수 있습니까? 고전11:12, 갈3:28, 엡5:21은 어떻게 이해되어야 합니까?

_____

_____

적용 질문 남존여비나 여성상위라는 말이 합당합니까? 당신은 그러한 편협한 사고를 하고 있지는 않습니까?

7. 마 19:13-15, 엡 6:4, 어린이의 인권에 대한 교훈이 무엇입니까?

_____

_____

적용 질문 당신은 어린이에게도 인격적으로 대합니까?

8. 욥 31:15, 렘 1:5, 갈 1:15, 태중의 아이의 인권에 대한 교훈이 무엇입니까?

_____

_____

적용 질문 당신은 낙태를 죄로 알고 있습니까?

CHAPTER 7

환경

1. 신 10:14, 시 24:1, 시 89:11, 자연의 주인이 누구입니까?

_____

_____

_____

적용 질문   자연이 하나님의 것이라면 자연에 대한 당신의 태도에 문제는
없습니까?

2. 창 1:3-4, 18, 25, 인간이 있기 전의 자연을 하나님은 어떻게 보셨
   습니까?

_____

_____

_____

적용 질문   하나님이 보시고 좋아하는 자연을 당신은 어떻게 다루고 있습니까?

3. 시 115:16, 땅을 인간에게 주신 자가 누구입니까?

_____

_____

_____

적용 질문 　하나님이 주신 땅을 어떻게 관리해야 합니까?

4. 창 2:8-9, 인간은 어떤 면에서 자연의 축복을 누리도록 하셨습니까?

1)_____

_____

2)_____

_____

적용 질문 　당신은 자연의 아름다움을 감격할 줄 압니까? 자연을 즐기고 감
사합니까?

5. 창 3:8-19, 인간의 타락이 하나님, 인간, 자연과의 관계에 어떤 영
향을 주었습니까?

대 하나님(3:8)_____

_____

_____

대 인간(3:12)

_____

대 자연(3:17-18)

_____

적용 질문 당신은 구원받은 자로서 하나님, 인간, 자연관계가 화평합니까?

6. 롬 8:21-22, 만물이 고대하는 바가 무엇입니까?

_____

_____

_____

적용 질문 자연 만물과 공동 운명체라면 그 책임은 무엇입니까?

7. 창 2:15, 인간의 자연에 대한 책임이 무엇입니까?

_____

_____

_____

적용 질문 당신은 하나님 앞에서 자연을 보호 관리하는 책임을 다합니까?
자연 보호를 위해 할 수 있는 일이 무어라고 생각합니까?

CHAPTER 8

생활

1. 잠 6:6-11,이 가르치는 생활방식이 무엇입니까?

_____

_____

_____

_____

_____

개미는 누가 없어도 일을 합니까?

_____

_____

_____

_____

_____

적용 질문 당신은 부지런히 사는 편입니까?

2. 잠 11:3, 19:1, 28:6,이 가르치는 생활방식이 어떤 것입니까?

_____

_____

_____

　　적용 질문　당신은 성실히 사는 편입니까?

3. 사 47:8-9, 약 5:5, 계 18:7, 성도가 피해야할 생활방식이 무엇입니까?

_____

_____

_____

　　적용 질문　당신은 허세를 부리거나 사치스럽게 사는 부분은 없습니까?

4. 딤전 2:9-10, 어떤 생활방식이 장려되고 있습니까?

_____

_____

_____

　　적용 질문　당신은 검소하게 살아갑니까?

5. 잠 11:24-25, 행 20:35, 어떤 생활이 장려됩니까?

_____

_____

_____

_____

_____

적용 질문 당신은 나누며 봉사하며 살아갑니까?

6. 위의 성경구절들을 종합할 때 그리스도인의 생활방식은 어떠해야
   합니까?

1) _____

_____

2) _____

_____

3) _____

_____

4) _____

_____

적용 질문 당신의 라이프스타일은 성경적 입니까?

7. 요 6:27,63, 그리스도인은 어떤 가치를 소중히 하여야 되겠습니까?

_____

_____

_____

적용 질문 당신은 영적이고 영원한 것을 육적이고 지상적인 것보다 귀하게 여깁니까?

더 욱 · 성 장 하 기

PART 4
더욱 성장하기

CHAPTER 1

인생관

1. 시 90:3-12, 히 11:13, 벧전 2:11,에서 깨달아야할 인생관이 무엇입니까?

_____

_____

_____

　　적용 질문　당신은 나그네 인생을 인식합니까? 나그네 인생이 아닌 것처럼 사는 모습은 없습니까?

2. 전 12:1, 13, 인생의 본분이 무엇입니까?

_____

_____

_____

　　적용 질문　당신은 하나님의 영광을 위하여 삽니까?

3. 전 9:7-10, 소박한 인생관이 무엇입니까?

1) 7-8절 _____

2) 9절 _____

3) 10절 _____

적용 질문 당신은 소박한 삶을 즐거움과 감사로 삽니까?

4. 요 4:32-35, 예수님의 양식이 무엇입니까?

_____

_____

_____

적용 질문 당신이 추구하는 가치는 무엇입니까?

5. 요 12:23-26, 예수님의 영광의 때는 언제입니까?

_____

한알의 밀이 열매를 맺는 것은 언제입니까?

_____

_____

적용 질문 당신의 영광은 어느 때 입니까? 당신 인생의 목적이 무엇입니까?

6. 요 6:27 예수님의 권하시는 인생관은 무엇입니까?

_____

_____

_____

<u>적용 질문</u>　당신은 영원한 가치를 더 추구합니까?

7. 롬 12:1-2, 바울 사도가 권하는 인생관은 무엇입니까?

_____

_____

_____

<u>적용 질문</u>　당신은 하나님을 기쁘시게 하는 삶이 목적입니까?

CHAPTER 2
청지기

1. 시 24:1, 당신을 포함한 이세상의 주인이 누구입니까?

_____

_____

_____

적용 질문 당신은 당신 자신이 하나님의 것으로 고백합니까?

2. 갈 2:20, 우리는 누구를 위하여 살아야 합니까?

_____

_____

_____

적용 질문 당신은 그리스도 때문에 산다고 할 수 있습니까?

3. 엡 5:15-20, 우리에게 주어진 시간과 인생을 어떻게 살아야 합니까?

15절

_____

16절

_____

17절

_____

18절

_____

19, 20절

_____

적용 질문 당신은 주님 뜻대로 살아갑니까? 당신 삶에 감사와 찬양이 있습니까?

4. 마 25:14-30, 재능을 어떻게 사용해야 합니까?

_____

_____

_____

적용 질문 당신 재능을 주님을 위해 사용합니까?

5. 벧전 4:10-11, 은사를 어떻게 사용해야 합니까?

_____

_____

_____

적용 질문 당신의 은사는 무엇입니까? 주님을 위해 사용합니까?

6. 잠 3:9-10, 잠 11:24-25, 재물은 어떻게 사용해야 합니까?

_____

_____

_____

적용 질문 당신은 재물을 주님과 이웃을 위하여 어느 정도의 비율로 사용
하고 있습니까?

7. 눅 17:7-10, 종, 청지기의 자세가 무엇입니까?

_____

_____

_____

적용 질문 당신은 오직 주님 앞에 쓰임 받는 즐거움으로 말없이 충성합니까?

제자도

1. 막 8:27-28, 제자의 조건이 무엇입니까?

29절

_____

33절

_____

34절

_____

35절

_____

적용 질문   당신은 예수님을 주로 믿습니까? 당신은 사람의 일보다 하나님
의 일을 더 귀히 깁니까? 십자가를 지고 따릅니까? 복음을 위하여 목숨도 내
놓을 수 있습니까?

2. 막 9:30-37,에서 제자들의 관심은 무엇이고 예수님이 가르치신
   제자도는 무엇입니까?

   상황
   _____

   _____

   제자들의 관심
   _____

   _____

   제자도
   _____

   _____

   적용 질문 당신의 요즘 관심사와 제자도는 얼마나 일치 합니까?

3. 막 10:32-45,에서 제자들의 관심은 무엇이고 예수님 가르친 제자
   도는 무엇 입니까?

   상황
   _____

   _____

   제자들의 관심
   _____

   _____

   제자도
   _____

   _____

   적용 질문 당신은 자리나 명예로부터 자유 합니까?

4. 요 12:23-27, 13:12-15, 제자의 조건이 무엇입니까?

예수님의 영광의 때는 언제입니까?

_____

밀알이 열매 맺는 때는 언제입니까?

_____

제자의 길이 무엇입니까?

_____

예수님은 십자가 고통을 어떻게 느끼며 어떻게 받아들입니까?

_____

예수님이 겸손과 섬김의 모본을 어떻게 보이셨으며 왜 보이셨습니까?

_____

적용 질문 당신은 예수님을 잘 따르고 있습니까?

CHAPTER 4

축복자

1. 창 12:1-3, 하나님이 아브라함을 부르신 이중목적이 무엇이라고
   봅니까?

   1) _____

   2) _____

   적용 질문   당신은 다른 이에게 복의 근원입니까? 어떤 점에서 그렇습니까?

2. 민 6:22-27, 고후 13:13, 마 10:12-13, 무엇을 어떻게 축복하라
   고 하십니까?

   민 6:22-27   1) _____

                   2) _____

                   3) _____

   고후 13:13   1) _____

2) _____

3) _____

마 10:12–13   1) _____

적용 질문   당신은 다른 이를 위해 축복의 언어와 기도를 드립니까?

3. 눅 6:28, 롬 12:14, 고전 4:12, 벧전 3:8–9, 어떤 경우까지 축복하라 하시며 왜 그렇습니까?

_____

_____

_____

적용 질문   당신은 당신에게 해를 끼친 사람도 축복합니까?

4. 잠 11:11, 우리의 축원이 어떤 능력이 있습니까?

_____

_____

_____

적용 질문   당신은 나라와 사회를 위해서도 축복합니까?

5. 고전 10:23-24, 축복자의 삶이 어떻게 적용되어야 합니까?

_____

_____

_____

　적용 질문　당신은 덕스러운 삶을 살고 있습니까?

6. 행 20:35, 고후 8:9, 축복자의 삶이 어떻게 적용되어야 합니까?

_____

_____

_____

　적용 질문　당신은 나누는 삶을 살고 있습니까?

7. 막 16:15-16, 축복자의 역할 중 가장 중요한 것이 무엇입니까?

_____

_____

_____

　적용 질문　당신은 전도합니까? 선교에도 동참합니까?

CHAPTER 5

나누기

1. 사 58:6-11, 하나님이 기뻐하시는 금식은 무엇이며 그에 대한 축
   복은 무엇입니까?

   금식   1) _____   2) _____

           3) _____   4) _____

           5) _____   6) _____

           7) _____   8) _____

   축복   1) _____   2) _____

           3) _____   4) _____

           5) _____   6) _____

   9-11절에 하나님 원하시는 일과 그 축복은 무엇입니까?

   명령   1) _____   2) _____

           3) _____   4) _____

           5) _____   6) _____

축복 1) _____ 2) _____

3) _____ 4) _____

5) _____ 6) _____

<u>적용 질문</u> 당신은 예배와 삶이 일치 합니까?

2. 히 13:15-16,하나님이 기뻐 받으시는 제사가 무엇 입니까?

1) _____

_____

2) _____

_____

<u>적용 질문</u> 당신은 하나님이 기뻐 받으시는 신앙생활을 합니까?

3. 행 2:45, 4:35, 성령 받은 성도들의 특징이 어떻게 나타났습니까?

1) _____

_____

2) _____

_____

<u>적용 질문</u> 당신은 나눠주고 싶은 마음이 터져 나오는 경험을 합니까?

4. 엡 4:28, 무엇을 위하여 수고하라 하십니까?

_____

_____

_____

적용 질문   당신은 남을 돕기 위해 더 수고 합니까?

5. 행 3:5-8, 우리가 나눌 수 있는 재물보다 귀한 것이 무엇입니까?

_____

_____

_____

적용 질문   당신은 예수님의 복음을 나누십니까?

* 나누는 삶을 위하여 또 다른 십일조를 실천하는 것을 진지하게 기도해
   보십시오.

CHAPTER 6

중보자1

_ 사랑의 중보기도

눅11:1-13,을 묵상하며 기도의 교훈을 살펴보십시오.

1. 누구를 위하여 강청하라 하십니까?

_____

_____

_____

_____

2. 굶주린 나그네는 누구를 비유합니까?

_____

_____

_____

_____

3. 친구를 맞이한 가난한 주인은 누구 입니까?

_____

_____

_____

4. 부잣집 아저씨는 누구 입니까?

_____

_____

_____

5. 친구를 위한 기도는 왜 강청하는 기도이어야 합니까?

_____

_____

_____

6. 주기도문을 중보 기도에 어떻게 적용할 수 있습니까?

_____

_____

_____

7. 11:9-13,기도 응답에 대한 어떤 확신으로 기도할 수 있습니까?

_____

_____

_____

8. 성령으로 응답한다는 것은 무엇을 의미합니까?(고후1:21-22, 롬
   8:26-27), (롬5:5, 갈5:6 참조)

보증의 영

_____

기도의 영

_____

사랑의 영

_____

중보자2

– 영혼구원을 위한 합심기도

1. 마18:12–20,을 읽고 중보기도에 대하여 묵상해 보십시오.

   1) 12–14,은 어떤 사역을 하라고 합니까?

   _____

   _____

   _____

   2) 15–17,은 어떤 사역을 하라고 합니까?

   _____

   _____

   _____

   3) 매고 푼다는 것이 무슨 뜻입니까? 무엇을 묶고 무엇을 풀어야 합니

   까?(마16:18–19,마12:28–29참조)

   _____

   _____

4) 매고 푸는 일과 기도는 어떤 관계입니까? 영혼 구원을 위해 매고 푸는

중보 기도를 해야 하는 이유는 무엇입니까?(고후4:3-4, 히2:14-16)

_____

_____

5) 영적 사역의 두 구조, 양면 전략은 무엇입니까?(출 17:8-13)

_____

_____

6) 합심기도가 의미하는 것이 무엇입니까? (행 4:24,롬 12:5)

_____

_____

7) 어떤 경험을 할 때까지 기도해야 합니까?

_____

_____

8) 중보기도가 마귀를 묶고 영혼을 푸는 원리는 무엇입니까?

19절 _____

20절 _____

중보자3

– 왕통 제사장

1. 하늘에서 이룬 것 같이 하늘에서는 누가 중보기도 합니까? 땅에서
   는 누가 중보기도 합니까?

   1) 하늘에서(히 7:25, 롬8:34, 롬 8:26-27)

   _____

   2) 땅에서(마 6:10, 마 18:18-19)

   _____

2. 왜 땅에서 우리가 기도해야 하나요?

   1) 사람에게 위임한 땅 (창1:26-28, 시115:16)

   _____

   2) 마귀에게 내어준바 된 땅 (창3:4-6, 눅4:5-7)

   _____

   3) 피로 사서 하나님께 드려진 인간(계5:9-10)

   _____

   4) 교회에게 위임된 땅에서의 하나님 나라(마16:16-20)

   _____

3. 왕 같은 제사장임을 아십니까? 왕 같은 제사장으로 세우신 목적은 무엇입니까? (벧전 2:9)

_____

_____

4. 우리는 어떻게 제사장이 되었으며 왕통 제사장입니까? (계5:9-10)

_____

_____

5. 우리가 어떻게 세상을 다스립니까?

   1) 요12:31, 마12:28, 마18:18-19

   _____

   2) 마6:10

   _____

6. 왕 같은 제사장으로서 중보 한다는 것은 어떤 마음으로 중보 하는 것입니까?

   1) 느1:3-7

   _____

   2) 히2:17-18, 4:14-16

   _____

일 꾼 · 무 장 하 기

PART 5
일꾼 무장하기

교회

1. 마 16:13-20, 18:15-20,을 종합하여 보십시오.

　1) 교회의 기초, 교회의 반석은 무엇입니까?

　_____

　2) 교회가 천국열쇠를 가지고 하는 일이 무엇입니까?

　_____

　3) 푸는 사역을 어떻게 수행합니까?

　_____

　4) 어떤 기도가 힘 있으며 교회의 존재방식이 무엇입니까?(18:19-20)

　_____

　　적용 질문　당신은 예수님을 구세주로 고백합니까? 당신에게 천국열쇠가 주어졌다면 어떻게 사용 하겠습니까? 영혼을 풀어내는 중보 기도를 합니까? 성도의 교제는 경험됩니까?

2. 요17:14-23, 예수님의 기도에 나타난 교회의 성격은 무엇입니까?

   1) 14-17

_____

   2) 18

_____

   3) 21, 23

_____

   4) 21, 23 어느 때에 교회는 예수님을 잘 증거 하게 됩니까?

_____

   적용 질문 거룩한 교회의 지체, 보냄 받은 공동체의 지체, 하나 된 공동체
의 지체로서 당신의 역할은 무엇입니까?

3. 행 2:37-47, 13:1-3,에 나타난 사도행전의 교회 모습을 살펴보십
시오.

   1) 어떻게 교회의 지체가 됩니까?

_____

   2) 교회는 어떻게 교제 하였습니까?

_____

   3) 어떻게 구원 받는 자들이 늘어났습니까?

_____

4) 교회는 선교사명을 어떻게 수행합니까?

_____

적용 질문   당신은 교회의 거듭난 지체입니까? 참된 교제를 경험하십니까?
선교사명 수행에는 어떻게 동참하고 있습니까?

4. 엡 4:13-15, 공동체적 성장의 원리를 찾아보십시오.

1) 성장과 성숙의 목표?(13,14)

_____

2) 어린아이의 상태는 어떤 것입니까?

_____

3) 우리의 마음가짐은 어떠해야 합니까?

_____

4) 긱 지체는 어떠해야 합니까?

_____

적용 질문   당신은 교회 성장과 성숙에 긍정적인 지체입니까? 그리스도의
분량에 이르도록 자라고 있습니까?

CHAPTER 2

재림

1. 행 1:6-11, 교회의 성격이 어떤 것입니까?

1) _____

2) _____

3) _____

적용 질문 당신은 성령 받았습니까? 예수님의 증인입니까? 예수님의 재림을 기다리며 삽니까?

2. 마 24:3-14, 말세의 징조가 무엇입니까?

1) _____	2) _____
3) _____	4) _____
5) _____	6) _____

적용 질문 당신은 이 시대가 말세임을 느낍니까?

3. 마 24:14, 예수님의 재림과 선교의 관계는 무엇입니까?

_____

_____

_____

적용 질문 재림을 기다리는 교회와 성도로서 해야 할 일이 무엇입니까?

4. 마 25:1-46, 재림을 기다리는 교회와 성도가 힘쓸 일이 무엇입니까?

▶ 열 처녀의 비유

1) 등은 무엇이며(시 119:105, 130, 잠 6:23)

_____

기름은 무엇입니까?(렘 31:14, 행 10:38, 고후 1:21)

_____

2) 깨어 있으라는 것은 무엇을 의미하며(마 26:41, 벧전 4:7, 골 4:2)

_____

깨어있는 것과 기름준비는 어떤 관계입니까?(눅 11:13)

_____

▶ 달란트의 비유

1) 달란트 비유의 일반적 강조점은 무엇입니까?

달란트 비유를 종말론적으로 해석할 때 주인이 맡기고 간 것은 무엇입니까?(행 1:6-11, 마 24:14)

3) 배로 남긴다는 것은 무엇입니까?(눅 19:12-27, 마 13:8)

▶ 양과 염소의 비유

1) 양고 염소의 차이는 무엇입니까?

2) 예수님은 누구와 자신을 동일시 하십니까?

적용 질문   당신은 영적생활이 풍성합니까? 배로 남기는 삶을 삽니까? 이웃을 돌아봅니까?

선교

1. 창12:1-3, 아브라함을 부르신 이중목적이 무엇입니까? 아브라함
   을 통하여 어떤 사람이 복을 받는다 하십니까?

   _____

   _____

   적용 질문 당신은 하나님이 당신을 왜 부르셨다고 생각합니까?

2. 출 19:5-6, 이스라엘이 어떤 나라가 된다고 합니까?

   1) _____

   2) _____

   3) _____

   4) 제사장 나라가 된다는 것이 무슨 뜻입니까? 누구를 위한 제사장입니까?

   _____

   적용 질문 당신은 타인을 위한 제사장 역할을 하고 있습니까?

3. 사 49:6, 새 메시야의 사명이 무엇입니까?

1) _____

_____

2) _____

_____

3) 그중 더 중요한 것은 무엇입니까? _____

_____

적용 질문 이 말씀이 당신과는 무슨 상관이 있습니까?

4. 벧전 2:9, 새 이스라엘이 누구입니까?

_____

_____

새 이스라엘의 사명이 무엇입니까?

_____

_____

적용 질문 당신은 이 사명에 어떻게 응답합니까?

5. 마28:19-20, 막16:15-16, 행1:8, 예수님의 지상명령이 무엇입니까?

	무엇을 명했나	어떻게 하라고	어디까지 누구까지
마28:19-20			
막16:15-16			
행1:8			

적용 질문 당신은 지상명령에 순종하는 삶을 살고 있습니까?

6. 마 25:14-30, 주님이 맡긴 달란트가 무엇입니까? 배로 남긴다는 것은 무슨 뜻 입니까?

_____

_____

_____

적용 질문 당신은 배로 남기는 성도입니까?

7. 계 7:9-10, 하늘의 환상 중에 흰옷 입은 무리가 어디서 왔습니까?

1) _____ 2) _____

3) _____ 4) _____

적용 질문 당신은 이 비전과 무슨 상관이 있습니까?

CHAPTER 4

사역

1. 막 1:14-39, 예수님의 5대 사역은 무엇입니까?

14, 38절 _____

17-20절 _____

21-22절 _____

32-34절 _____

35절 _____

적용 질문 당신은 5가지 사역 중 주로 참여하고 있는 사역이 무엇입니까?

2. 행 6:1-4, 사도들과 집사들이 분담한 사역은 무엇입니까?

사도들 _____

집사들 _____

적용 질문 당신의 교회에서의 사역은 무엇이며 성실합니까?

3. 행 8:4-8, 11:19-25, 초대교회 시절 전도와 교회 개척을 한 일꾼
   들의 신분이 무엇이었습니까?

_____

_____

_____

_____

_____

_____

적용 질문 당신은 평생 몇 명 전도하기로 서원합니까? 평생 교회개척에 쓰
임 받고자 합니까?

4. 엡 4:11-16, 그리스도의 지체로서 임무가 무엇입니까?

_____

_____

_____

_____

_____

_____

적용 질문 당신은 당신의 임무에 충실 합니까?

5. 고전 12:4-13, 각 지체의 사역을 위한 은사가 어떤 것이 있습니까?

4-13   1) _____   2) _____   3) _____

        4) _____   5) _____   6) _____

        7) _____   8) _____   9) _____

은사 사용의 원리가 무엇입니까?

4-6절 _____

7절 _____

12절 _____

적용 질문   당신의 은사는 무엇입니까? 잘 활용합니까? 은사 사용원칙에 맞습니까?

전도

1. 단 12:1-3, 계 20:11-15, 전도의 중요성이 무엇입니까?

_____

두 가지 영원한 갈림 길이 어떤 것입니까?

_____

별과 같이 빛날 자가 누구입니까?

_____

두 종류으 책은 무슨 책입니까?

_____

불못에 들어가지 않을 자가 누구입니까?

_____

적용 질문 당신은 어느 길에 서 있습니까? 당신의 가족은? 당신의 친구와

이웃은?

2. 딤전 2:4, 하나님의 소원이 무엇입니까?

_____

_____

_____

적용 질문 하나님의 소원을 당신은 어떻게 이루어가고 있습니까?

3. 롬 10:13-15,전도의 필요성이 무엇입니까?

_____

_____

_____

적용 질문 당신은 누구에게 복음을 들었습니까? 누구에게 복음을 전했습니까?

4. 막 16:15-16, 전도가 무엇입니까?

_____

누구에게까지 전해야 합니까?

_____

적용 질문 당신은 복음을 잘 제시할 수 있습니까?

5. 고전 2:1-5, 바울이 전도한 내용의 핵심이 무엇입니까?

_____

그의 전도의 능력이 무엇입니까?

_____

적용 질문 당신은 전도자입니까? 능력받기 원합니까? 전도 훈련을 받겠습니까?

6. 행 8:4-8, 빌립집사의 전도는 어떤 형태로 이루어졌습니까?

_____

_____

적용 질문 당신의 전도의 동기는 무엇입니까?

7. 마 4:19, 마 28:19, 예수님이 제자들을 부르셔서 첫 번째로 주신 사명과 승천하시기 전 마지막으로 주신 사명이 무엇입니까?

_____

_____

적용 질문 당신은 예수님의 제자입니까?

CHAPTER 6

양육

1. 딛 2:11-14, 하나님이 우리를 어디까지 양육하십니까?

12-13절 _____ 과 _____ 은 버리고

1) _____ 2) _____ 3)으로 살고

_____ 을 지니도록

14절, 하나님의 양육3단계

1) _____ 2) _____ 3) _____

적용 질문 당신은 어디까지 자라고 있습니까?

2. 행 14:21-22, 골 1:28-29, 양육이란 무엇입니까?

행1) _____ 2) _____ 3) _____

골1) _____ 2) _____ 3) _____

적용 질문 당신은 다른 새신자를 양육합니까?

3. 다음 성경에서 왜 양육이 필요하며 양육의 기초는 무엇입니까?

요 15:12, 고전 4:15

_____

마 4:4, 벧전 2:2

_____

엡 6:4, 벧전 5:8

_____

마 28:20, 빌 2:15-16

_____

골 1:28, 벧후 3:18

_____

적용 질문 양육해야할 필요를 가진 새신자가 보입니까?

4. 살전 2:6-8, 양육의 바탕이 무엇입니까?

_____

_____

_____

_____

적용 질문 당신은 부모의 마음으로 새신자를 돌봅니까?

5. 양육의 요건이 무엇이겠습니까?

잠 17:17

_____

요일 1:3

_____

잠 18: 24

_____

눅 2:52

_____

<u>적용 질문</u> 양육을 사명으로 느낍니까? 양육훈련을 받겠습니까?

CHAPTER 7

훈련

1. 마 28:19-20, 제자됨의 3단계가 무엇입니까?

   1) _____

   _____

   2) _____

   _____

   3) _____

   _____

   적용 질문 당신은 어느 단계의 제자입니까?

2. 딤후 2:2, 재생산 (배가)의 원리가 어떻게 이루어집니까?

   바울 →　　　　　　　　→　　　　　　　　→ _____

   적용 질문 당신은 이 생명라인을 이어가고 있습니까?

3. 막 3:13-15, 예수님의 제자훈련의 원리는 무엇입니까?

선택

_____

_____

집중

_____

_____

교제

_____

_____

훈련

_____

_____

권능

_____

_____

4. 막 3:14, 5:37, 9:2, 14:33, 눅 10:1-11, 예수님의 제자훈련의 집
   중원리를 보여주는 써클이 무엇입니까?

_____

_____

_____

_____

적용 질문 당신은 집중적으로 제자훈련하고 있습니까?

5. 눅 8:1-2, 막 6:7-13, 예수님의 훈련방식이 무엇입니까?

_____

_____

_____

적용 질문 당신은 현장전도, 양육, 제자훈련을 해보았습니까?

6. 요 13:3-15, 예수님의 훈련방식이 무엇이었습니까?

_____

_____

_____

적용 질문 당신은 후배 신자들에게 전도의 본을 보입니까?

7. 고전 4:15-16, 행 20:31, 제자훈련의 근본이 무엇입니까?

_____

_____

_____

적용 질문 당신은 제자훈련을 하겠습니까?

CHAPTER 8

비전

1. 창12:1-4, 아브라함이 고향을 떠날 때 어떤 하나님의 비전을 지녔습니까?

_____

_____

_____

적용 질문 당신은 하나님이 주신 비전이 있습니까?

2. 마 9:37-38, 요 4:35-36, 예수님이 제자들에게 보여주신 비전이 무엇입니까?

_____

_____

_____

적용 질문 당신의 눈에 추수할 밭이 보입니까?

3. 마 28:19-20, 막 16:15-16, 예수님이 맡긴 사명의 크기가 무엇입니까?

_____

_____

_____

적용 질문 당신은 이 명령과 무슨 상관이 있습니까?

4. 시 2:8, 얼마나 넓은 기도를 하라 하십니까?

_____

_____

_____

적용 질문 당신의 기도의 넓이는?

5. 계 7:9-10,의 환상은 어떤 비전을 갖도록 도전합니까?

_____

_____

_____

적용 질문 당신의 비전은 이 비전과 관계가 있습니까?

6. 막 10:29-30, 우리의 생애를 걸고 헌신할 일이 무엇입니까?

_____

_____

_____

적용 질문 당신은 어디에 생애를 걸고 헌신합니까?

7. 출 17:11-12, 빌 4:18, 골 4:3-4, 세계복음화를 위하여 참여할 수
   있는 방법이 무엇입니까?

_____

_____

_____

적용 질문 당신은 세계복음화에 어떻게 참여하겠습니까?

행복한 교회 성장을 위한 **제자훈련**